삼국지톡

삼국지톡 10
ⓒ 무적핑크, 이리/YLAB

초판인쇄	2025년 4월 23일
초판발행	2025년 4월 30일
글	무적핑크
그림	이리
기획·제작	YLAB
책임편집	이보은
편집	김지애 김지아 김해인 조시은
디자인	이현정 이혜정
저작권	박지영 형소진 오서영
마케팅	정민호 서지화 한민아 이민경 왕지경 정유진 정경주 김수인 김혜원 김예진 나현후 이서진
브랜딩	함유지 박민재 이송이 김희숙 박다솔 조다현 김하연 이준희
제작	강신은 김동욱 이순호
펴낸곳	㈜문학동네
펴낸이	김소영
출판등록	1993년 10월 22일 제2003-000045호
주소	10881 경기도 파주시 회동길 210
전자우편	comics@munhak.com
대표전화	031-955-8888	팩스 031-955-8855
인스타그램	@mundongcomics
카페	cafe.naver.com/mundongcomics
트위터	@mundongcomics
페이스북	facebook.com/mundongcomics
북클럽문학동네	bookclubmunhak.com
ISBN	979-11-416-0230-7 04910
	978-89-546-7111-8 (세트)

- 이 책의 판권은 지은이와 ㈜문학동네에 있습니다.
- 이 책 내용의 전부 또는 일부를 재사용하려면 반드시 양측의 서면 동의를 받아야 합니다.
- 잘못된 책은 구입하신 서점에서 교환해드립니다. 기타 교환 문의 031-955-2661 | 031-955-3580

www.munhak.com

등장인물

유비(字 현덕)
어린 황제의 아주 먼 친척으로 황궁에 입성했으나,
황제와 조조를 경계하여 수도를 떠난다.

조조(字 맹덕)
좀처럼 속마음을 드러내지 않는 유비의 의중을 알아내려고 한다.

원소(字 본초)
세력을 넓히면서 북방의 귀신 공손찬과 대치한다.

관우(字 운장)
유비의 의형제이자 전투력이 강한 장수.
조조와 갈등을 빚으며 유비를 불안하게 한다.

손책(字 백부)
故손견의 큰아들. 원술 휘하에서 벗어나 본격적으로 세력을 키운다.

주유(字 공근)
손책의 죽마고우이자 책사.

제갈량(字 공명)
조조가 일으킨 서주 대학살 때문에 고향을 떠났다. 조조를 증오한다.

차례

「관도대전」 3부

一. 호랑이굴 속으로	6
二. 손책과 함께 춤을	15
三. 장강에 불어오는 피 냄새	23
四. 원술의 비참한 최후	32
五. 꿀물을 다오	41
六. 탑 위의 자매	52
七. 대교와 소교	63
八. 억지로 하는 결혼	72
九. 살아남은 초선, 그리고…	81
十. 농사짓는 유비	91
十一. 허도를 떠도는 소문	101
十二. 벼랑 끝에 몰린 공손찬	111
十三. 불타는 역경	121
十四. 공손찬의 죽음	133
十五. 원소의 섬뜩한 선물	143
十六. 조조, 사슴을 쏘다	153
十七. 유비, 관우를 가로막다	163
十八. 제갈량과 친구들	175
十九. 불량 학생 제갈량	183
二十. 드러누운 용	194
二十一. 영웅을 논하다, 논영회 上	205
二十二. 영웅을 논하다, 논영회 中	214
二十三. 영웅을 논하다, 논영회 下	224
二十四. 젓가락을 던진 유비	237
二十五. 허리띠에 숨긴 피눈물	247
二十六. 조조 vs. 동승	260
二十七. 달아나는 유비	274

一.   호랑이굴 속으로

*〈연의〉 서주 백성들, 가는 곳마다 유비에게 열광하다.

*〈정사〉 조조, 서주 백성들 학살하다. 시신이 강물을 막을 정도로 쌓이다.

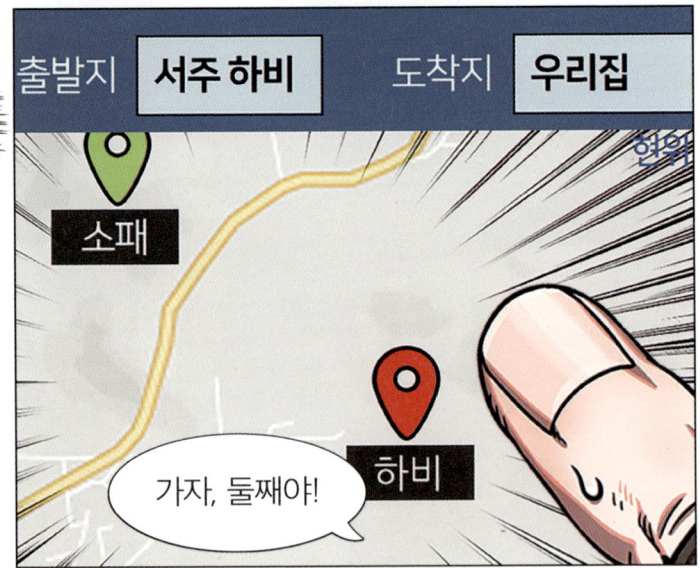

*〈정사〉 조조, 유비 싸고돌다. 늘 같은 수레에 함께 타다. (《연의》에서는 아예 자기 집 옆에 머물도록 하다.)

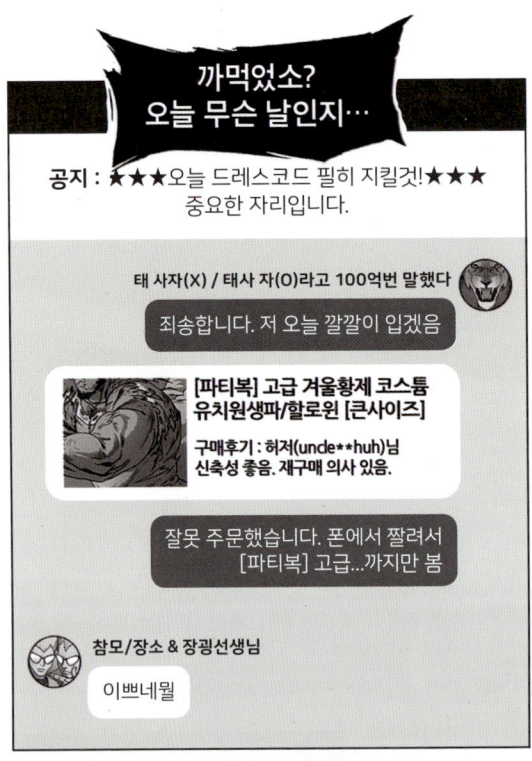

*〈정사〉 대명문가 원술, 손견-손책 2대를 부려먹고도 무시하다.
손책, 원술이 스스로 황제라 칭하자 그 구실로 독립하여 반원술연합군 만들다.

*〈정사〉 손책 엄마 오국태는 명문가 출신. 아빠 손견은 용맹한 장수였지만, 이름값 떨어지는 가문 출신이었다.

三.   장강에 불어오는 피 냄새

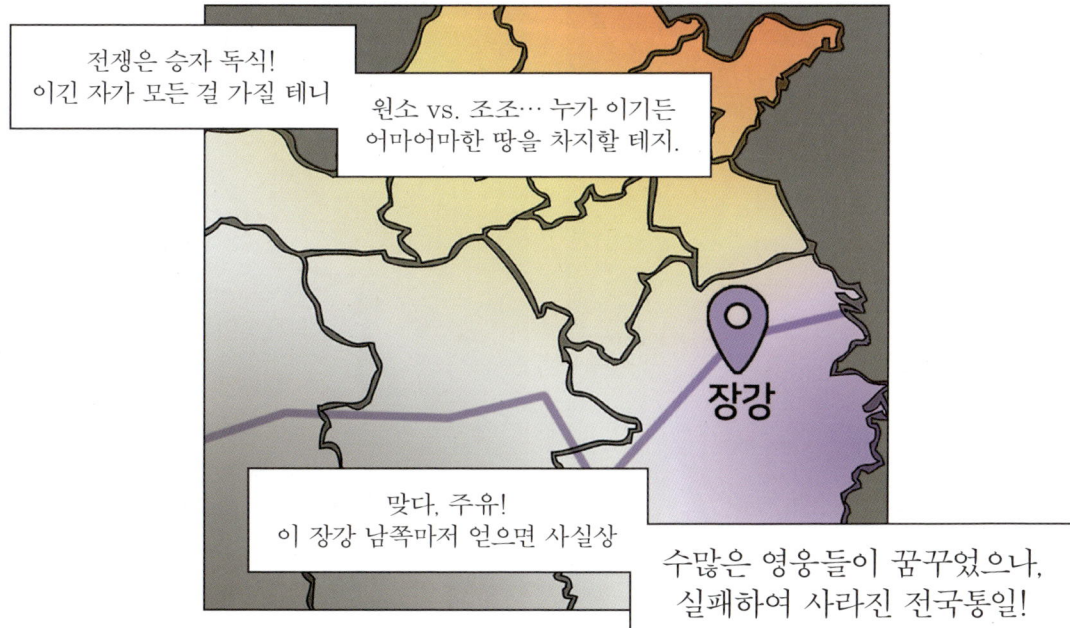

*⟨정사⟩ 손책, 강동-강남 지역의 이름난 세력들 차례로 굴복시키다. 반발이 거세, 군소群小 저항 세력과 오래 씨름하다.

*〈정사〉 손책과 손권 여동생. 무기에 애정 많아 방안 가득 장식할 만큼 거칠기로 유명했다고.

四. 　　　　　　　　　　　　　　　원술의 비참한 최후

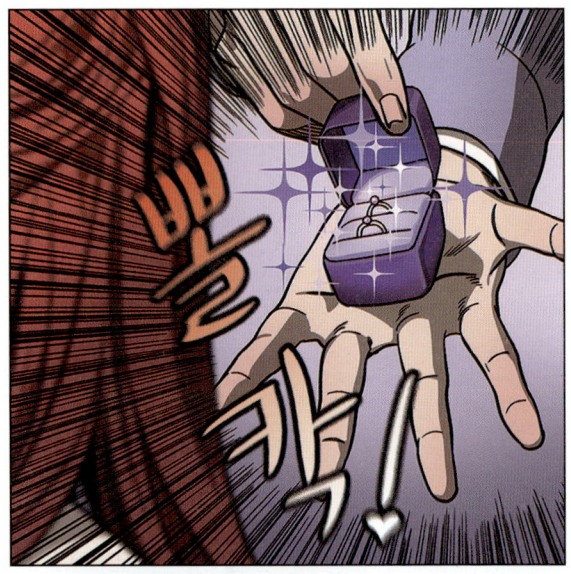

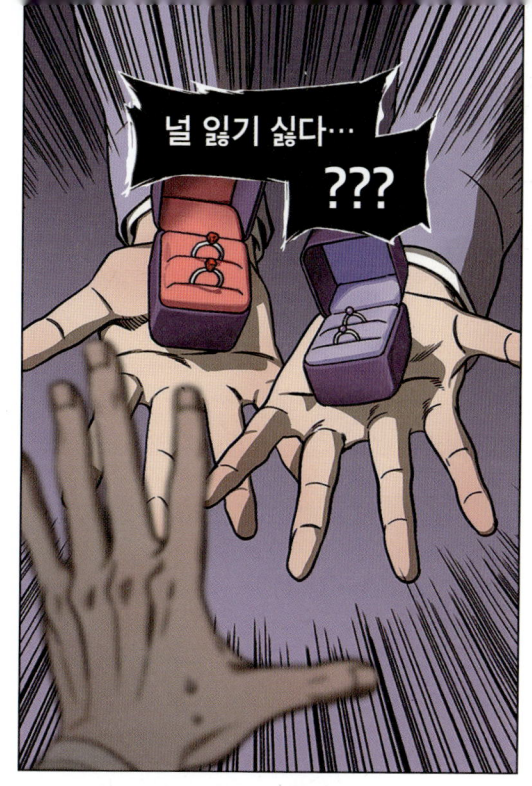

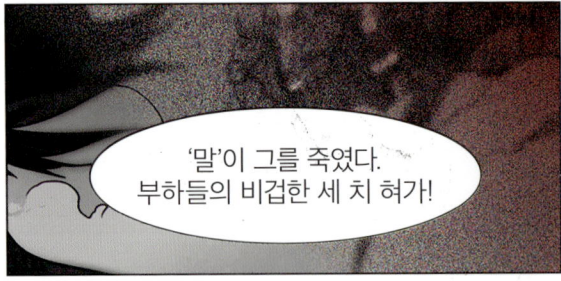

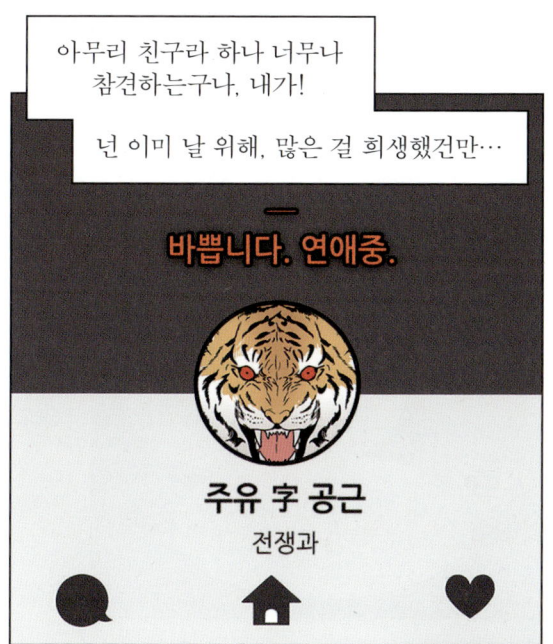

*〈정사〉에는 이맘때 손책에게 어린 딸이 있었다 하나, 아내에 대한 기록은 없다. 그래서인지 〈연의〉에서는 주유와 손책 모두 모쏠.

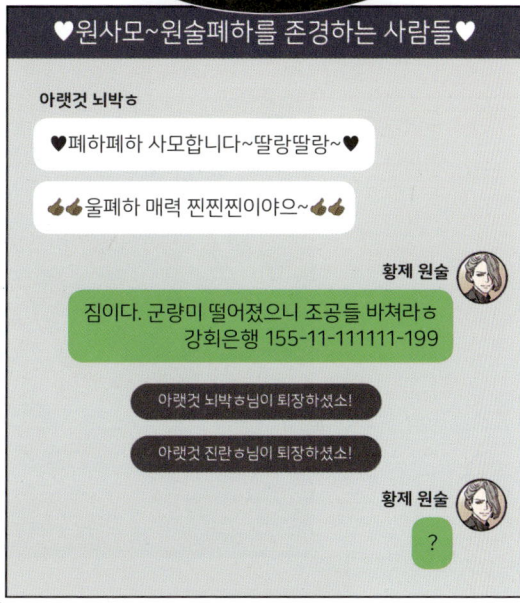

내가 잘나갈 땐
찰거머리처럼 들러붙어

꿀처럼 달콤한 말로 아양 떨더니!

꽉!

폐, 폐하?
왜…

*〈정사〉 원술, 부하들에게 도와달라 했으나 거절당하다. 보리 부스러기밖에 남지 않자 한탄하다. "내가 어쩌다 이 지경에 이르렀느냐!"「원술전」

*〈정사〉 원술. 원수처럼 싸우던 이복형 원소에게 항복하려 하다.

*〈정사〉 원술. 땅에 엎어져 피를 한 말 토하다.

*〈정사〉 원술 아버지 원봉. 어린 원소 데려와 아이 없이 죽은 형(원성)의 아들로 삼다. 대명문가 원씨 집안 족보에 올리다.

*〈정사〉 병 걸린 원술. 흐릿한 의식 속에 꿀물을 찾다.
**〈정사〉 원술, 길에서 죽다. 원소에게 황제 자리 바치며 처음이자 마지막으로 높여 부르다.

六.   탑 위의 자매

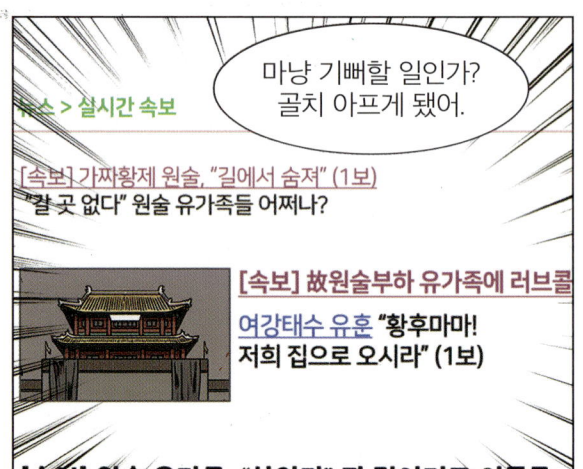

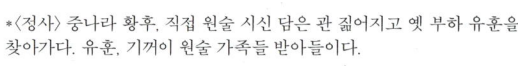

*〈정사〉 중나라 황후, 직접 원술 시신 담은 관 짊어지고 옛 부하 유훈을 찾아가다. 유훈, 기꺼이 원술 가족들 받아들이다.

반역자 무리가 살아남은
불쾌함과

두려움에…

아니, 조카님!
틀렸어.

난 두렵지 않아.
아쉬울 뿐이라네.

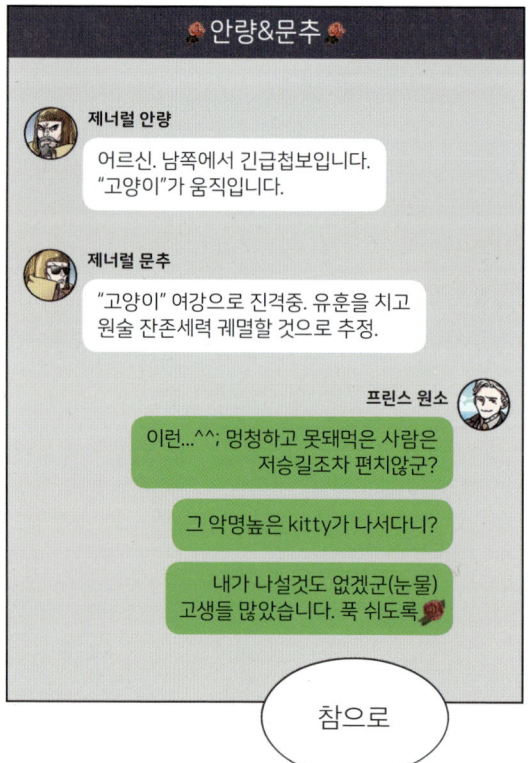

*〈정사〉 반원술연합의 맹주 손책, 주유와 함께 남은 故원술 세력을 치다. 유훈 본거지인 여강 환성 덮치다.

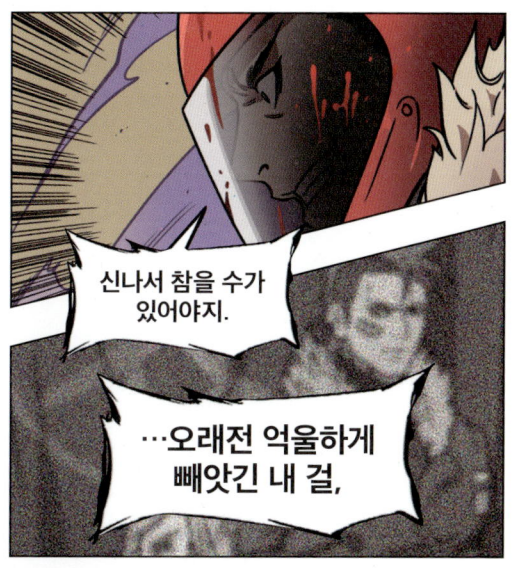

*〈정사〉 원술. 아버지 故손견과 아들 손책 세대에 걸쳐 부려먹다. 손책에게 태수 벼슬 주기로 약속하고는 오른팔 유훈에게 자리 주니, 손책 노하다.

*〈사자성어〉 단금지교斷金之交: 쇠조차 끊을 만큼 두터운 우정. 서로를 목숨처럼 의지한 손책과 주유의 이야기에서 유래했다.

七. 　　　　　　　　　　　　　　　　　　대고와 소교

*〈정사〉 손책과 주유, 죽은 원술이 남긴 세력을 일망타진하고자 하다. 원술 유가족이 있는 은신처로 쳐들어가다.

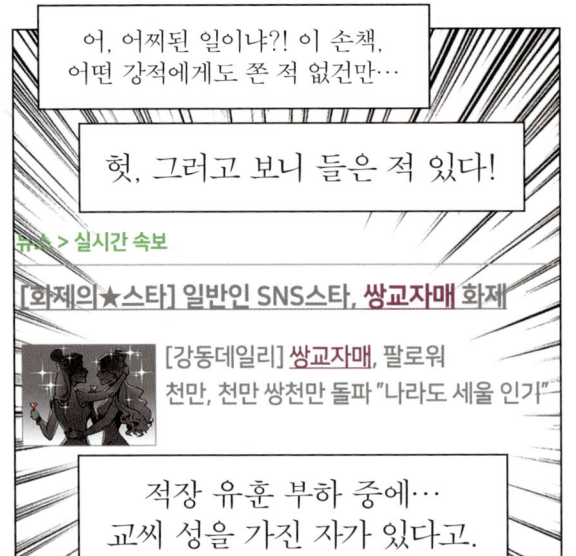

*〈정사〉 손책과 주유, 공격하러 간 적진에서 대교·소교 자매 만나다.

*〈정사〉 손책군. 엄한 군율 지키다. 어떤 대군을 상대로도 가차없이 싸웠으나 민간인은 절대 약탈하지 않았다고.

*〈정사〉 손책군, 원술 유가족 사로잡다. 이로써 중나라 멸망하다.
**〈정사〉 손책, 집안 가난하여 일찍이 군인 된 소년 여몽을 거두다. 여몽, 교육 제대로 받지 못해 교양이 부족했으나 열심히 배워 익히다.

*〈정사〉故원술 잔여 세력의 주축인 유훈. 공교롭게도 이날 성에 없어 목숨 건지다. 원술 세력 받아들이며 식량 부족해지자 꾸러 간 참이었던 것.

八.
억지로 하는 결혼

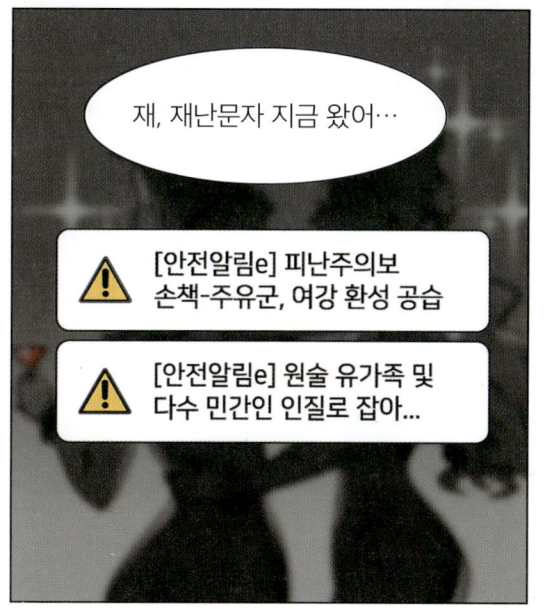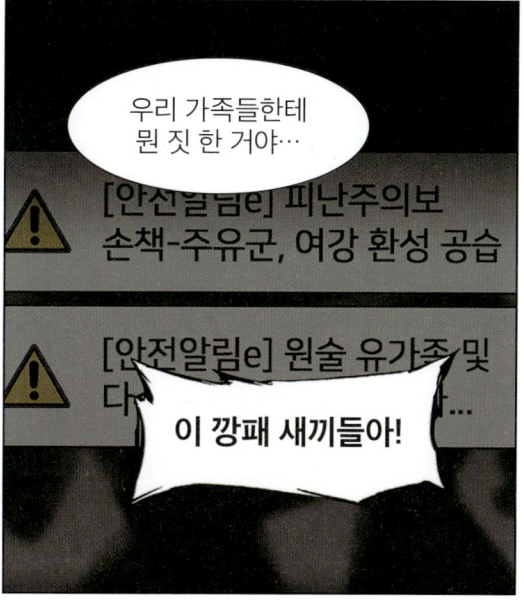

이 새낀 그냥 바보 멍청이잖아!

내가 손책이든 아니든, 그대는 내 죄수요!

허나, 내가 손책이길 바라는 게 좋을 거요… 오직 소패왕만이 당신 가족들을 살릴 수 있으니!

!!!

*〈정사〉 손책, 유훈 가족 비롯한 중나라 잔존 세력들 받아들이다.

*〈삼국지톡〉 원술 부하 유훈. 사실 조조와도 친분 있는 사이. 원술-유훈-조조가 같이 어울렸을 시기로는 낙양에서의 유년기가 유력하므로 『삼국지톡』에서는 고교 동창으로 설정.

하! 기막혀…

당신, 손책 맞네.

왜 나한테… 선택권 있는 것처럼 말해?

九.　　　　　　　　　　　살아남은 초선, 그리고…

세상엔 영원한 적도,

벗도 없다.

사람도 나라도
서로 등돌렸다가,
다시 하나가 되기도 하는 법!

*〈정사〉 손책과 주유, 적군 사람인 교씨 자매와 결혼하다.

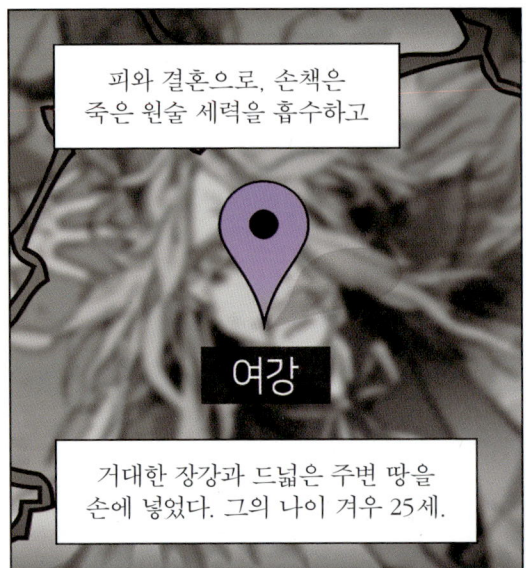

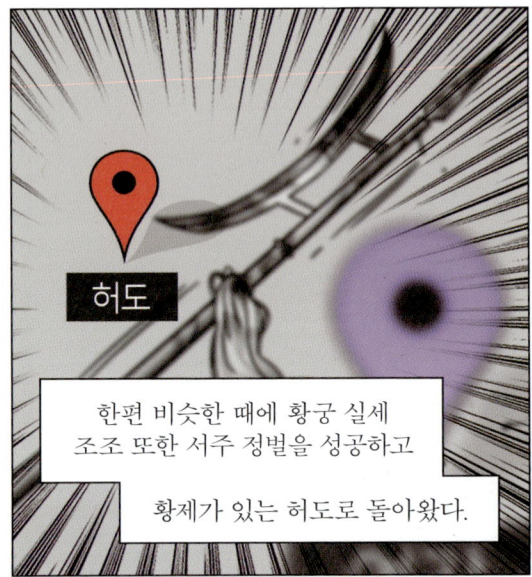

*〈정사〉 조조, 서주에서 사로잡은 여포 목 잘라 근거지 허도로 가지고 오다. 높이 매달아두고 본보기로 삼다.

*〈연의〉 조조, 故여포 유가족들 살려주다. 허도에서 지내게 하다.

87

살아남은 초선, 그리고…

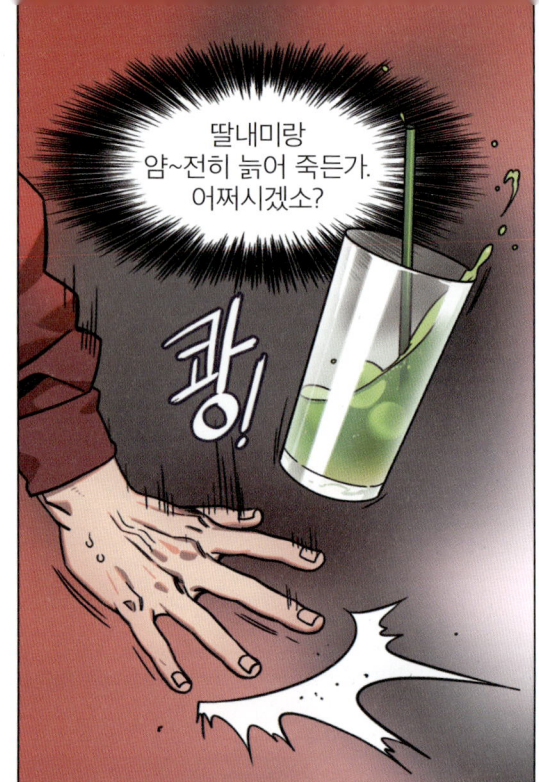

*〈정사〉 조조, 여포와 그 부하들(진궁, 고순) 목 베다.

十. 　　　　　　　　　　　　　　　　　농사짓는 유비

아이고오~…

부으엉…

황제의 숙부 겸
의성정후 겸
좌장군 겸 예주목
허도 최고 핫피플
유비 字 현덕

뭐어~?! 그, 그게 뭔 뚱딴짓소리야?!

유비 그놈이…

노, 농사를 지어?!

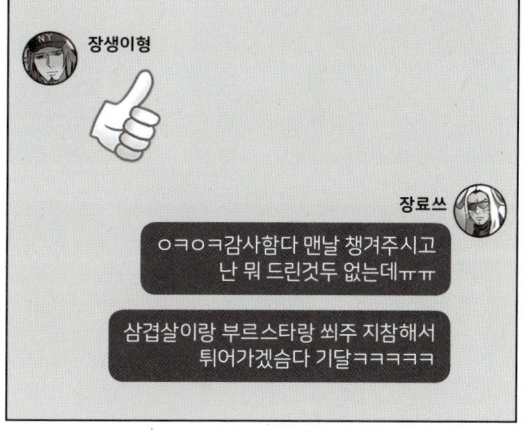

*〈연의〉 장료와 관우는 고향 친구라고. '장생'은 관우의 어릴 적 이름.
**〈정사〉 유비, 집 대문 닫아걸고 텃밭 일구다. 순무 따위를 심다. 「吳歷」

*〈정사〉 연의 캐릭터 '초선'의 모델은 동탁을 모시던 시비(높은 사람 수발드는 궁인. 청소, 빨래 같은 허드렛일이 아닌 의전 담당)로 실존 인물이었다고.

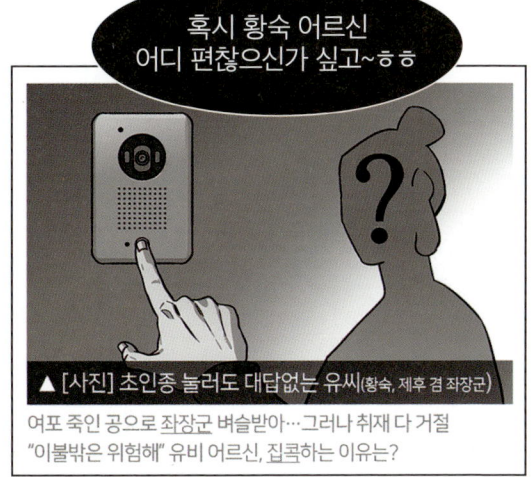

이… 배신자 새끼야!

빠르고 정확한 팩트 뉴스
허도데일리
[속보] "조조 죽이자"는 비밀오픈방이 있다?
허도데일리 정치부

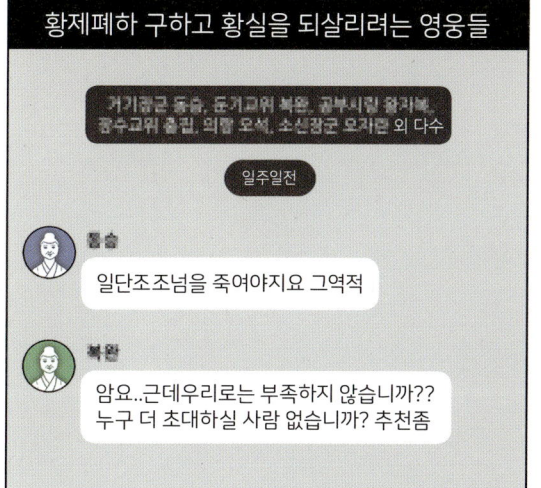

유현덕, 유비이이!

너… 대체 뭐야.

나한테 왜 자꾸 이래, 어?!

벼슬 줘, 집 줘! 내가 니한테 못 해준 게 뭐냐? 응?

*〈정사〉 조조, 자기 욕하는 사람들 숙청하다. 잔치, 술자리 등 여러 사람 모이는 자리에 몰래 사람 심어두고, 조조 비판하는 사람 있으면 벌하니 많은 장수가 해를 입다. 「선주전」

十二.

벼랑 끝에 몰린 공손찬

30년 전, 황립 명문 낙양고등학교

누가 그러더군. 어릴 적 기억은 크면 다 까먹는다고.

흥, 개소리!

이 조조가 장담컨대, 어릴 적 기억이 평생 가는 법이지.

끼끼끼!

환관 손자 **어린 조조** (아만)

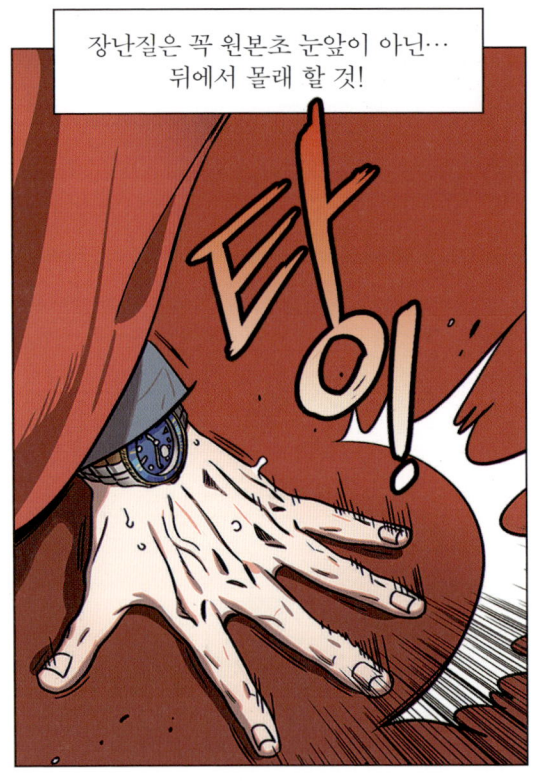

*〈정사〉 장양, 죽기 전에 원소에게 의탁하다.

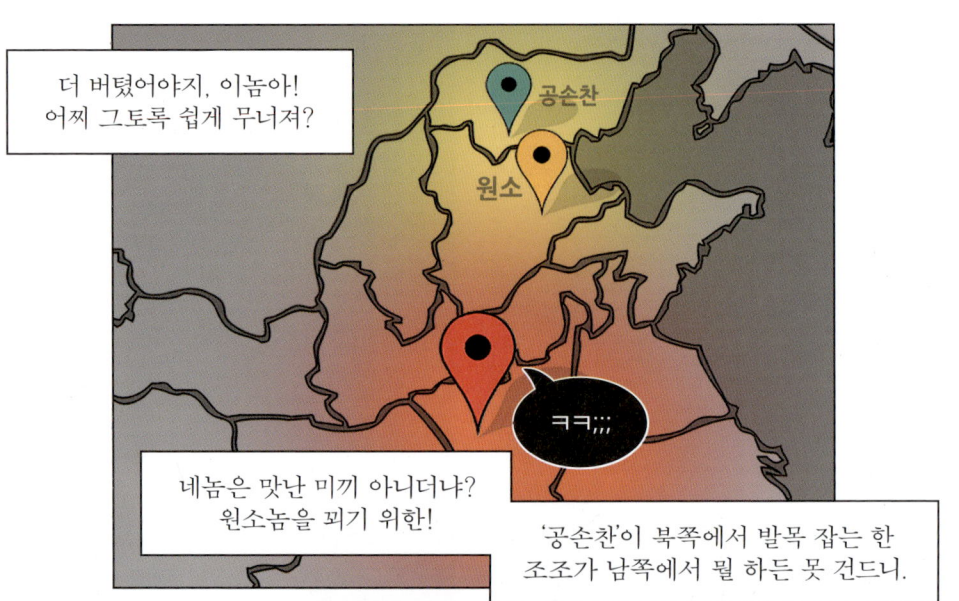
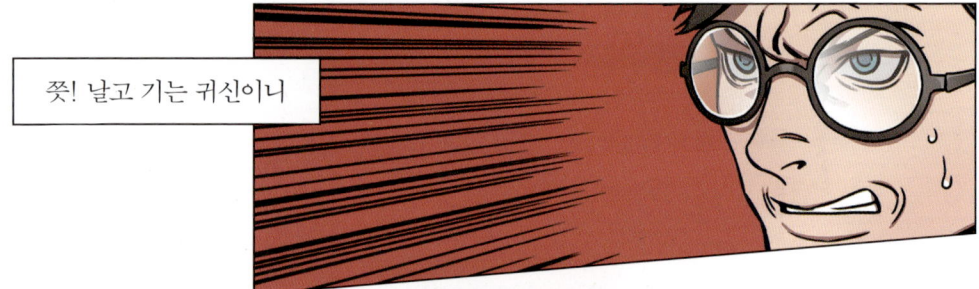

*〈정사〉 북방의 강자 공손찬, 요새 '역경' 지어 숙적 원소에 맞서다. 어마어마한 규모, 난공불락으로 이름 떨치다.
**〈정사〉 원소, 역경 성벽 밑으로 땅굴 파 순식간에 무너뜨리다. 놀란 공손찬, 가장 높은 탑으로 도망쳐 숨다.

*〈정사〉 공손찬, 궁지에 몰리자 제 손으로 식솔들 죽이다.

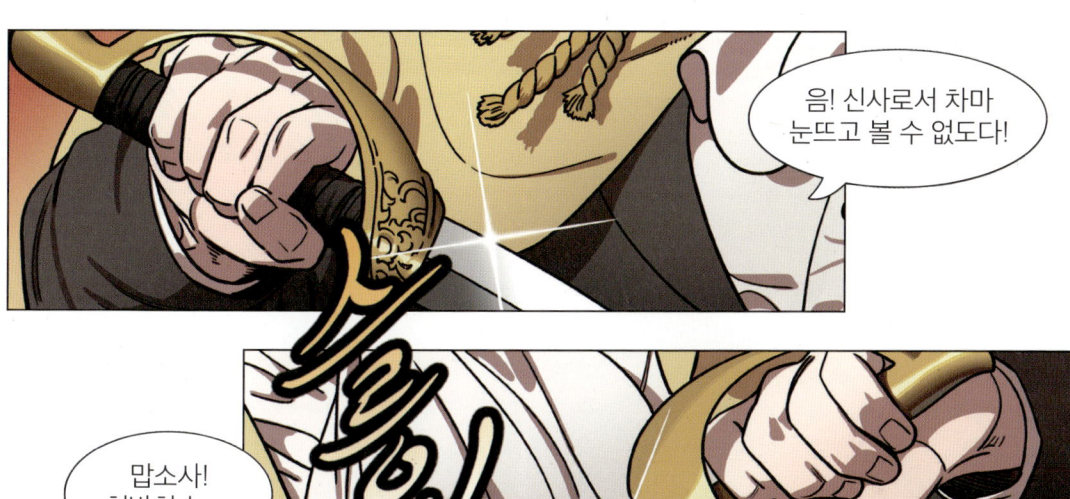

*〈정사〉 공손찬, 스스로 요새에 불지르다.

*〈시경詩經〉 신혼의 기쁨을 노래한 「주무綢繆」.

*〈정사〉 어린 장수 조자룡, 공손찬 부하였으나 고향으로 떠나다.
**〈정사〉 공손찬과 유비는 같은 스승(노식)에게 배운 선후배 사이.

*〈정사〉 원소군, 큰아들 원담 보내 전해를 공격하다.

*〈정사〉 공손찬, 이민족 비롯한 적들을 무자비하게 학살하다.

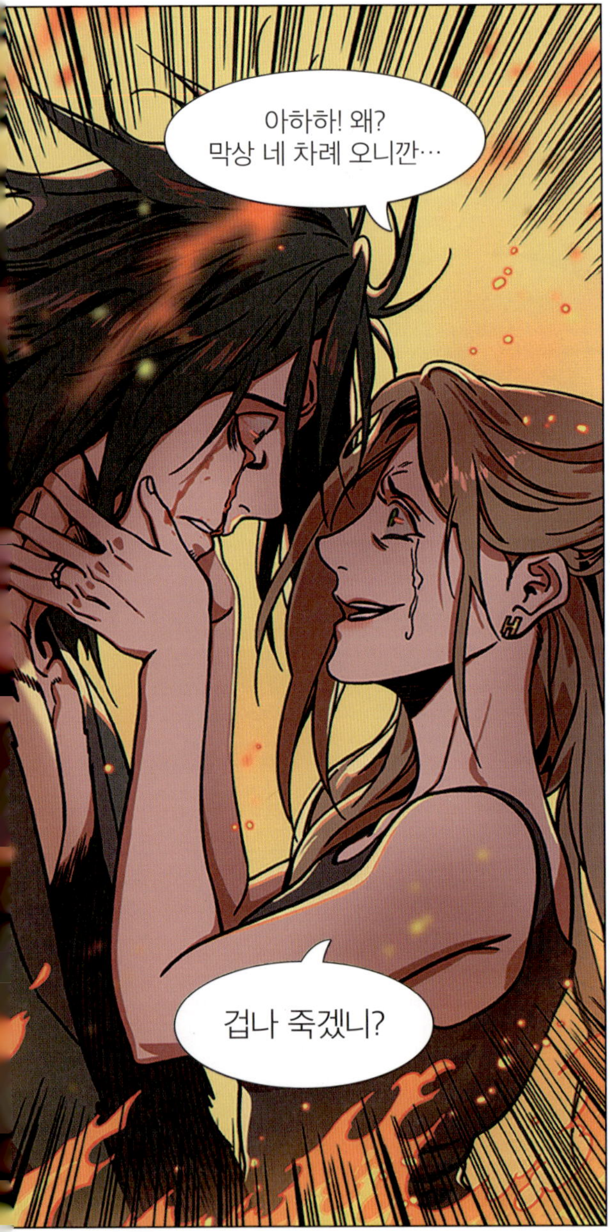
아하하! 왜?
막상 네 차례 오니깐…
겁나 죽겠니?

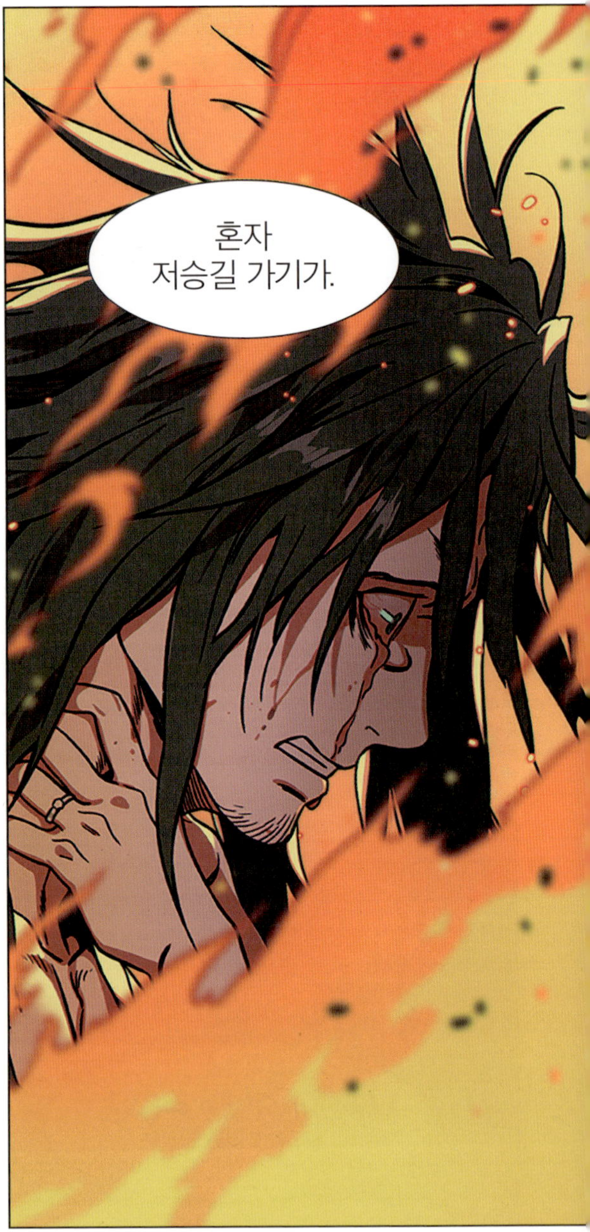
혼자
저승길 가기가.

*〈정사〉 공손찬 요새 역경 불타다. 공손찬도 그 화염 속에서 죽다.
**〈정사〉 원소, 공손찬 세력 궤멸시키다. 공손찬에게 수탈당하던 북방 백성들과 이민족들 원소 환영하다.

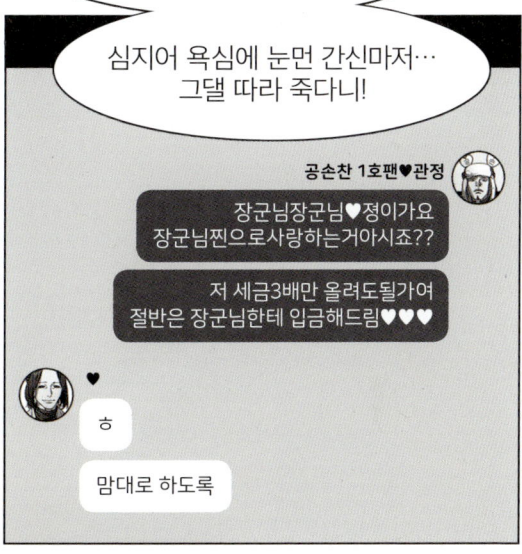

*⟨정사⟩ 전해, 싸우다 장렬히 죽다. 관정도 홀로 원소군에 뛰어들다.
"어찌 혼자 살겠소? 다른 사람(공손찬)을 위험에 빠뜨린 자는 고통을 함께한다 했습니다."

十五.　　　　　　　　　　　　　　원소의 섬뜩한 선물

*〈정사〉 원소. 공손찬 목을 베어 조조에게 머리를 보내다.

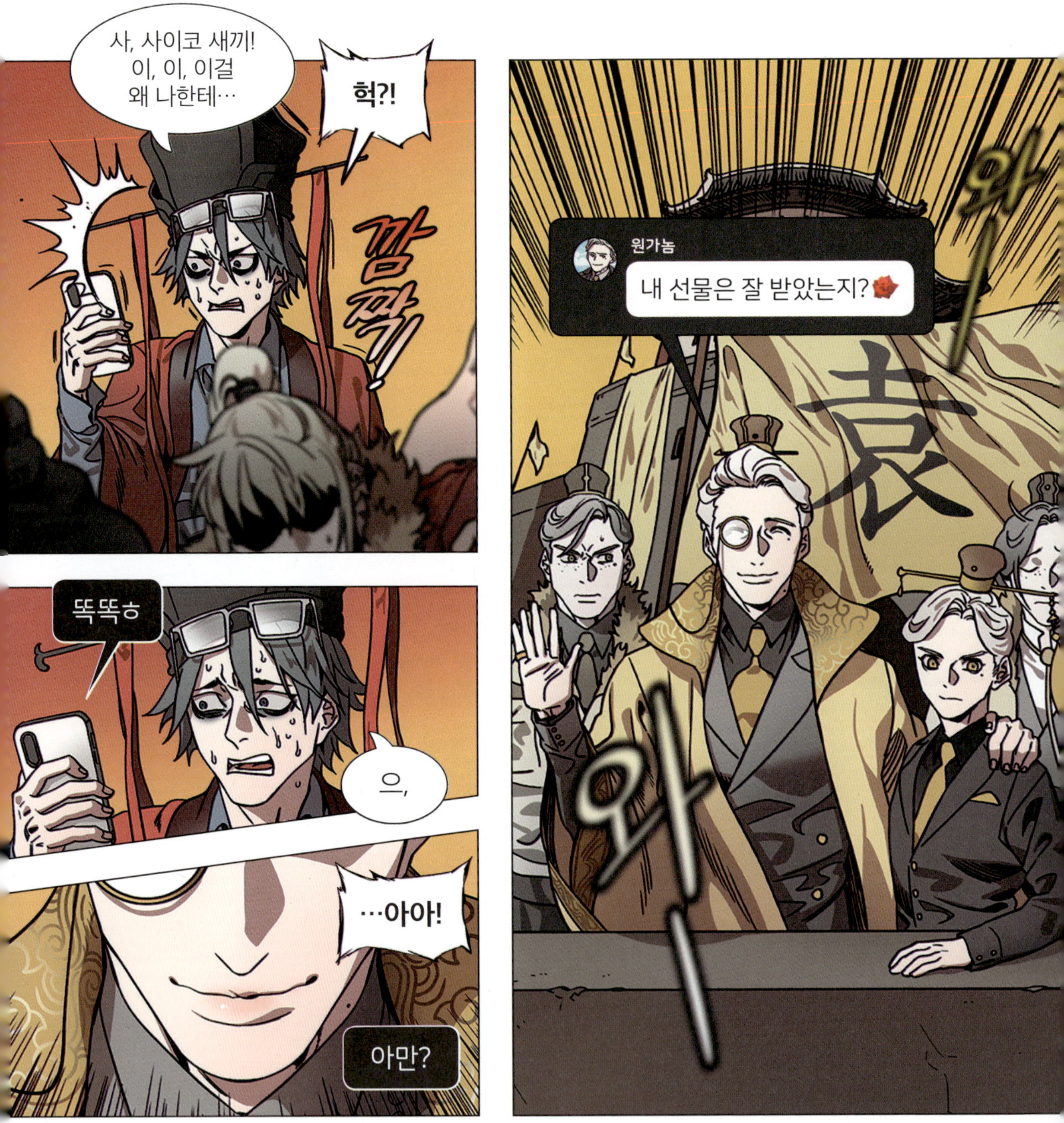

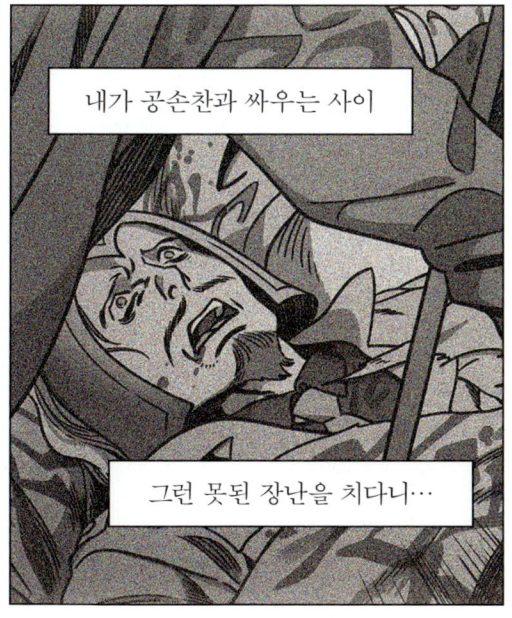

*〈정사〉 조조, 군사들 보내 원소가 침 발라둔 땅을 차지하다.

어리석은 귀신과 달리 나를 아주 잘 알지.

내게 도전하는 것이,

그러니 모를 리가 없을 텐데!

얼마나 무모하고

*〈정사〉 원소, 자신에게 도전한 강자들 모조리 숙청하다.
심지어 원소를 위해 주군을 배신했던 장수 국의마저 거만 떨었다는 이유로 죽이다.

어리석은 짓인지!

원소! 원소!

와아아!

원소!

빌어도 소용없어, 친구.

곧 만나세^^ 🌹

흐, 흐아악!

죄, 죄송합니다, 어르신! 오늘부로 사표 내겠습다…

뭐어?! 어여들 돌아오지 못해! 비상시국에 장난하는 것도 아니구…

어, 어엇?!

저, 저도요! 갑자기 몸이 안 좋아서…

히이익~!

조조군 친목방

행정부 허대리
선생님 제게송한데 저그만두겠습니다 할머니 돌아가심

첨부파일 : [사표] 그만두겠습니다.hhwp

책사 정욱
?? 먼소리여

자네 조모님 지난주에 상치럿잖어??

행정부 허대리
그건 아빠쪽이고 이번엔 엄마네 엄마…ㅠㅠ

책사 정욱
그분은 작년에 돌아가셨잖나 뭐하자는 플레이여 지금?.??

삐롱! 삐롱!

행정부 허대리님이 퇴장하셨소!
국토부 왕팀장님이 퇴장하셨소!
홍보실 요과장님이 퇴장하셨소!

*〈정사〉 조조측 사람들, 우르르 도망치다. 당연히 조조가 질 거라 생각한 것.

이이, 이런… 못난 인사들 같으니!

여봐라! 쫓아가 끌고 와라…

됐소! 다 꺼지라 해!

필요 없어, 저딴 철새들…

에이~ 어르신! 어찌 의심하십니까?

제 목숨은 어르신 건데요!

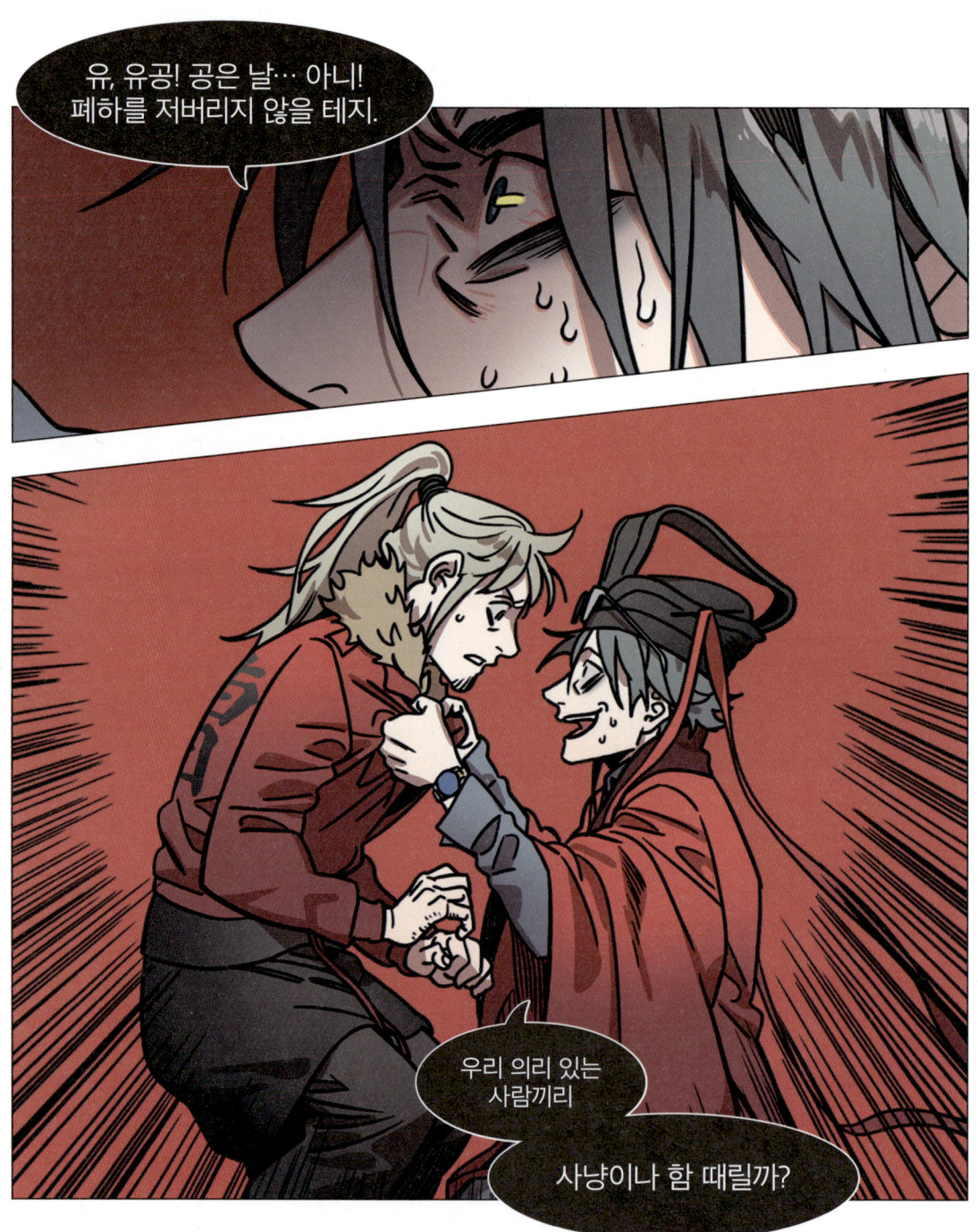

十六. 　　　　　　　　　조조, 사슴을 쏘다

*御馬 : 황제나 왕의 말.

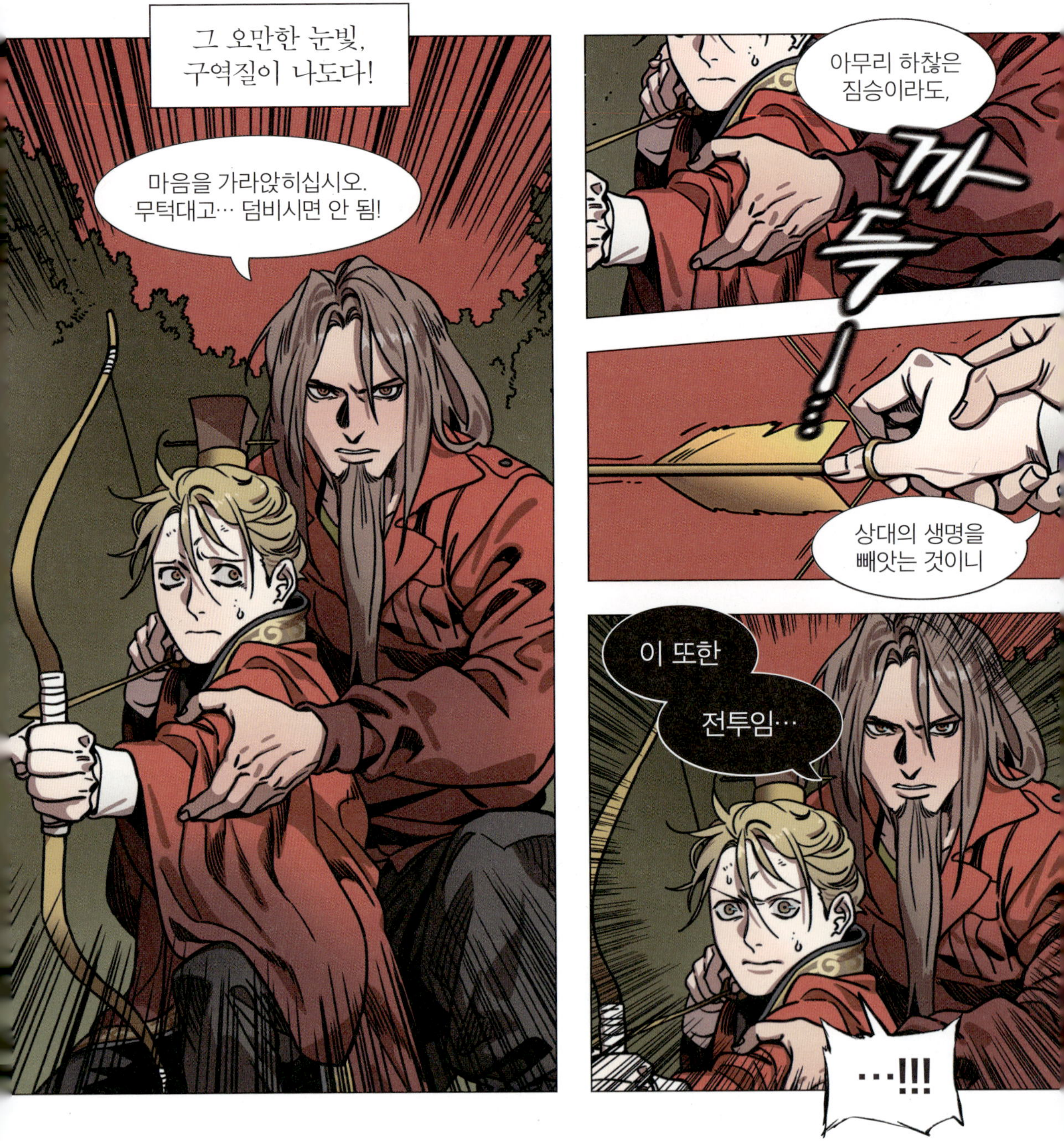

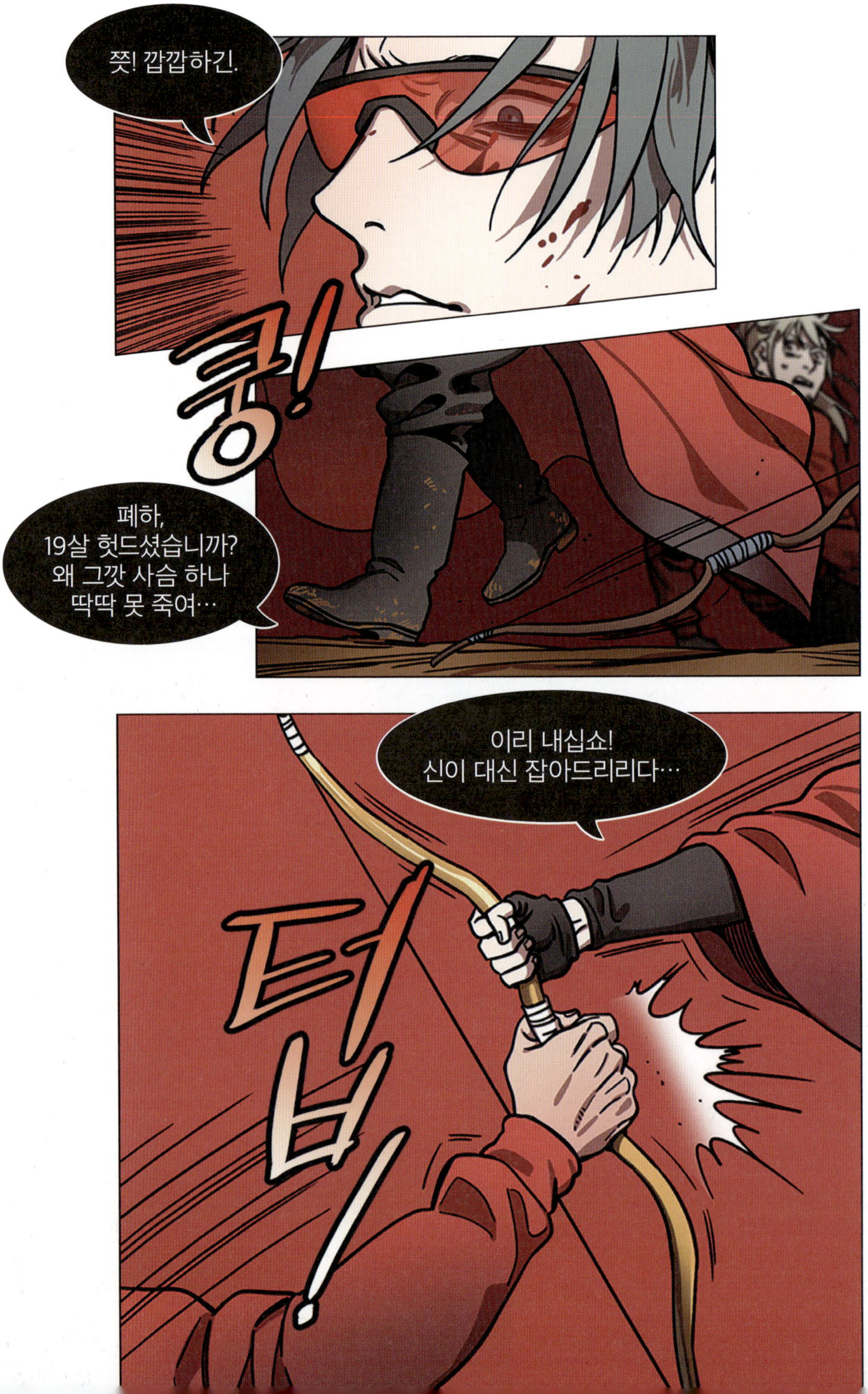

十七.

유비, 관우를 가로막다

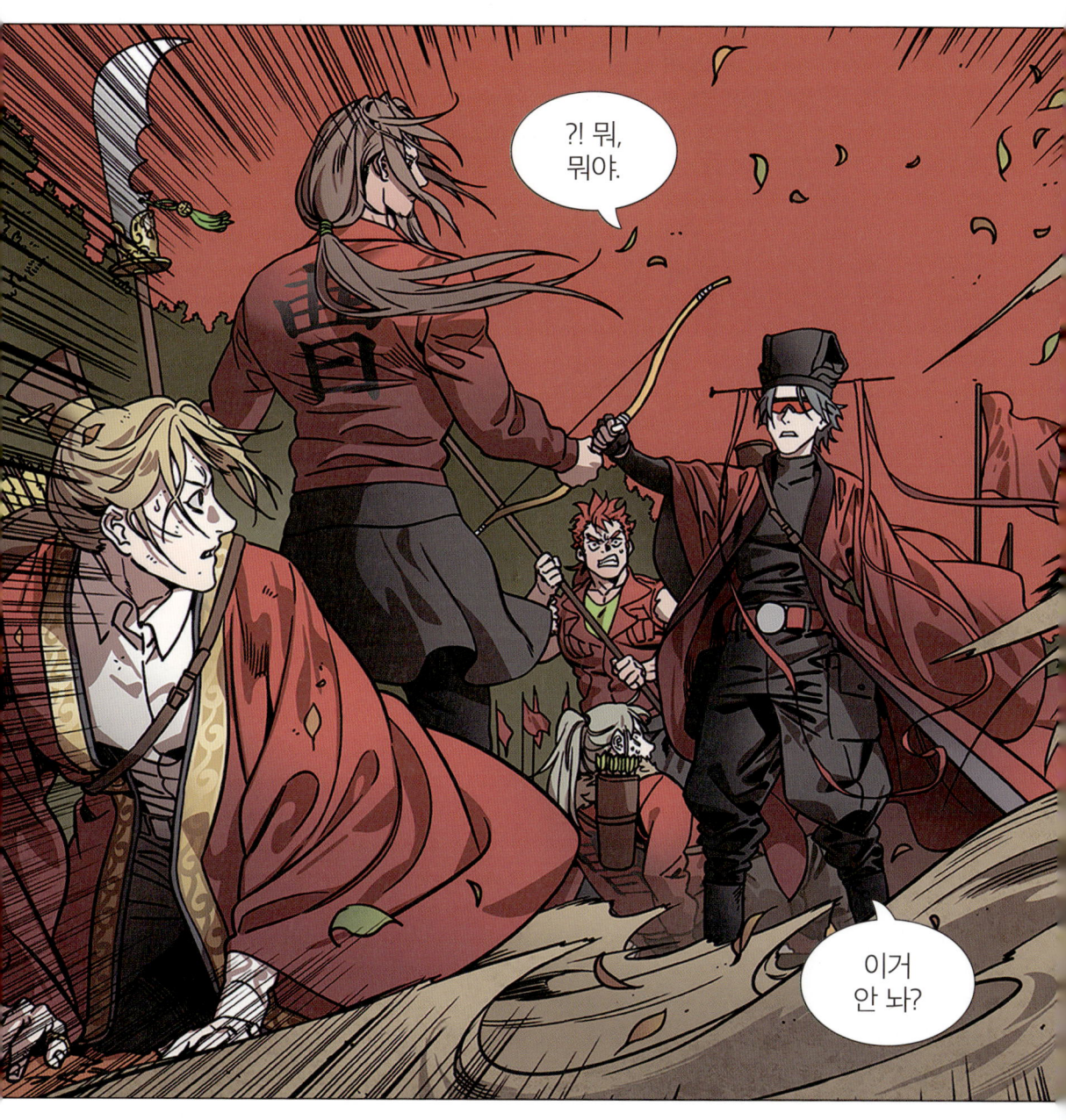

유비, 관우를 가로막다

*공자(혹은 제자)가 썼다는 옛 역사서. 다양한 유교적 교훈이 담겨 있어 필수로 익혔다. 관우, 늘 『춘추』를 품고 다녔다.

*〈연의〉 관우, 조조 죽이려 하다. 유비, 말없이 저지하다.

*〈연의〉 조조, 힘 과시하고자 자그마치 10만 대군 이끌고 사냥하다.
**〈연의〉 조조, 황제만이 쓰는 귀한 황금 활을 빼앗아 사슴 쏘다. 헌제에게 돌려주지 않고 멋대로 차지하다.

*〈정사〉 조조, 양표 등 자기 반대파들 죽이거나 벌하다. 선비 공융(서주 대학살 때 태사자와 힘 합쳐 유비 도왔던), 그런 조조를 대놓고 까다.
**〈정사〉 헌제 아내인 복황후 이름은 복수伏壽.

*〈정사〉 허도, 밖으로는 원소에게 공격받고 안으로는 조조와 황제의 갈등이 불거지다. 언제 터질지 모르는 화약고 되다.

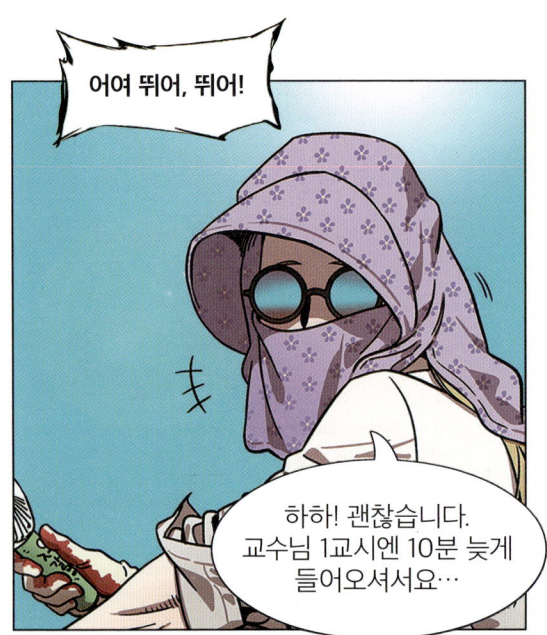

*〈정사〉 사서에 의하면, 제갈량은 키가 매우 컸다고(8척).

*〈정사〉제갈량 친구 서복, 매우 불우한 환경에서 태어나다.
**〈정사〉제갈량 친구로 유명한 선비 서서(어릴 적 이름 서복), 사실 답 없는 깡패였다. 절도, 폭행 일삼다 뉘우치고 공부하게 됐다고.

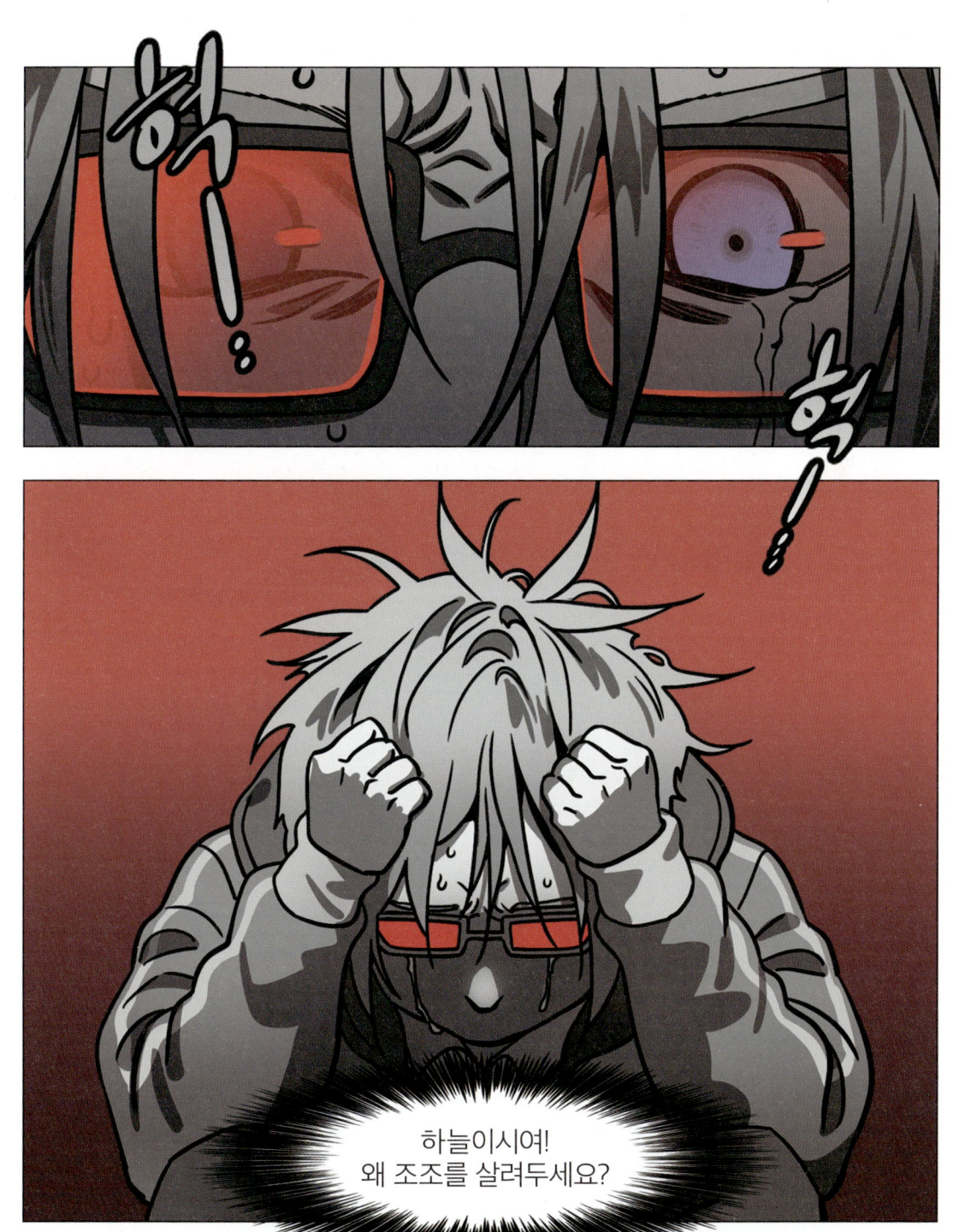

설마 그런 짓을 했는데…

아직도 그자를 아끼시나요?

……

그럼 하늘이시여! 조조를 미워하는 제가…

*⟨정사⟩ 제갈량 주변 사람들, 제갈량을 기이하게 보며 비웃다. "학문은 안 닦고 밭이나 갈다니, 출세하긴 글른 놈이구나!"

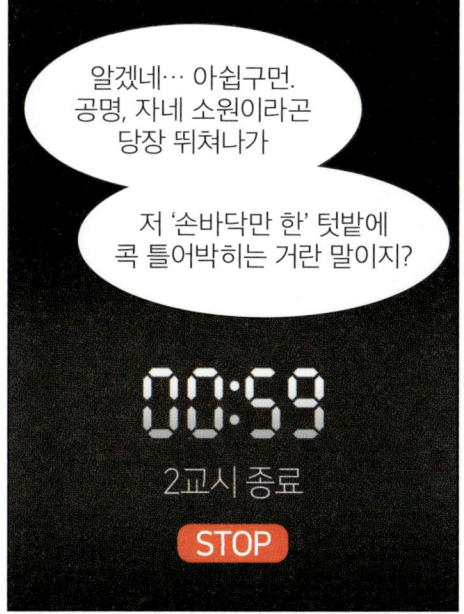

*〈구전설화〉 제갈량 스승 사마휘, 제자들 시험하다.
"내 입에서 '이 방에서 나가'라는 소리 나오게 하면 합격이니라."

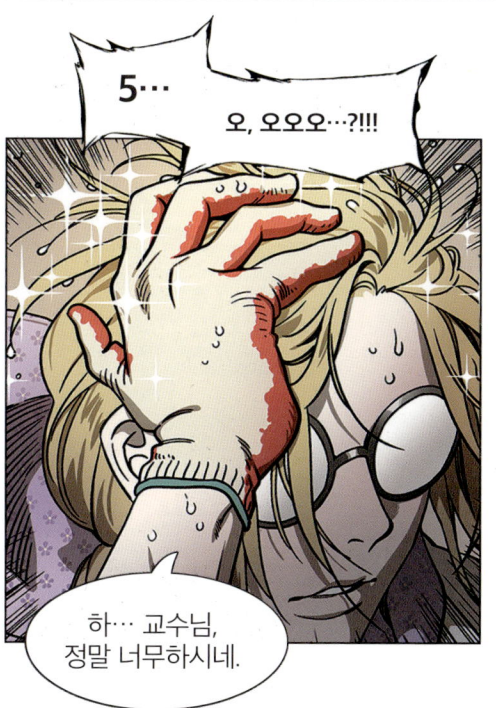

*〈구전설화〉 서서와 방통, 스승 사마휘에게 무례한 짓 저지른 제갈량 붙잡고 학교 밖으로 끌어내다.

*음란하다 : 당시에는 '음흉하다' '간사하다'는 뜻으로도 쓰였다.
(예) 원술은 사치를 일삼으니 음란하기 그지없습니다.

*〈정사〉 사마휘가 지어준 제갈량의 별명. '엎드린 용'이라는 뜻.

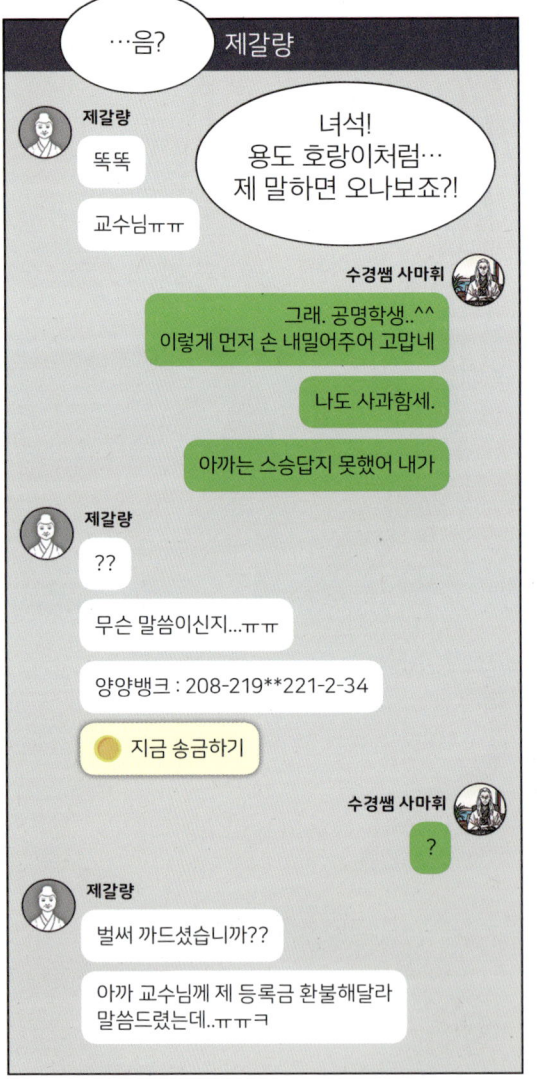

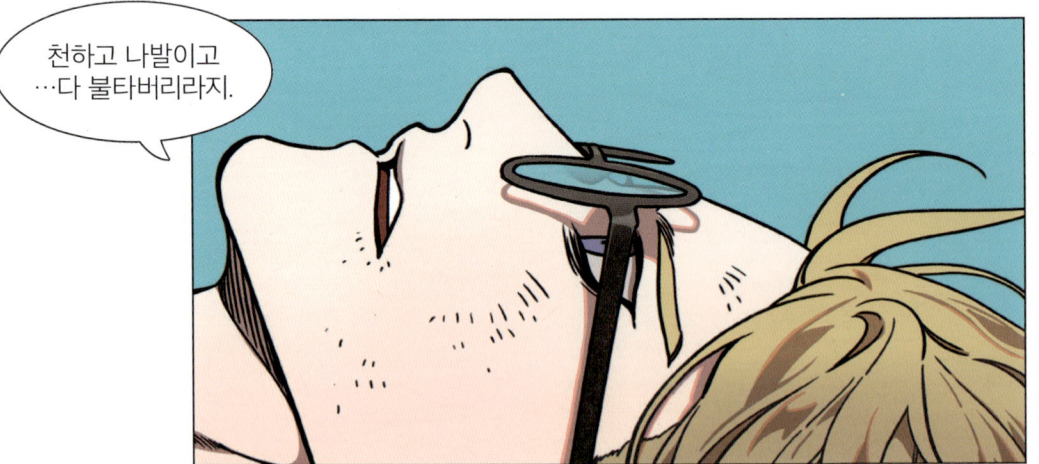

*와룡 선생. 널리 알려진 제갈량의 별명.

*장료는 유비의 동생 관우와 친한 사이.

*〈연의〉 조조, 유비의 동생 관우와 갈등 빚다. 유비, 관우 말리다.

*〈연의〉 조조, 유비와의 술자리에 매실을 한 바구니 내오다.
**〈정사〉 조조, 장수와 싸우던 길에 물 떨어지자 앞에 매실밭 있다며 군사들 다독이다. 조조군, 입에 침이 고여 목마름도 잊다.

二十二. 영웅을 논하다, 논영회 中

요새 농사 지으신다며?

…? 어어… 예에?

끌꺽…

풉!

푸핫! 뭘 그리 놀라시오? 왜, 내 잘못 알았습니까?

이게 큰일이지 뭡니까! 황제 숙부께서 밥 먹는 것도 잊고

텃밭 가꾸기에 푹 빠졌다는데…

*〈연의〉 조조, 유비 떠보다. "요즘 집안에서 큰일 하신다던데?"
**〈연의〉 조조, 긴장한 유비에게 능청맞게 덧붙이다. "채소 키우는 데 재미 붙이셨다 들었습니다."

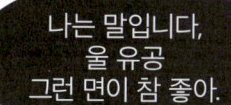

*〈연의〉 조조가 황제에게 무례를 범하자 분노한 관우, 조조를 죽이려 하다. 유비, 고갯짓으로 관우 가로막다.

한편, 조조 저택에서 멀리 떨어진

관우와 장비 임시 거처
보증금 500, 월세 55만 원

뭐, 뭐어?! 님!
그게 웬 개소리심?!

(형)님이…
왜 질질 끌려가?!

*〈정사〉 유비 친구 간옹. 답 없을 만큼 술 좋아하다.

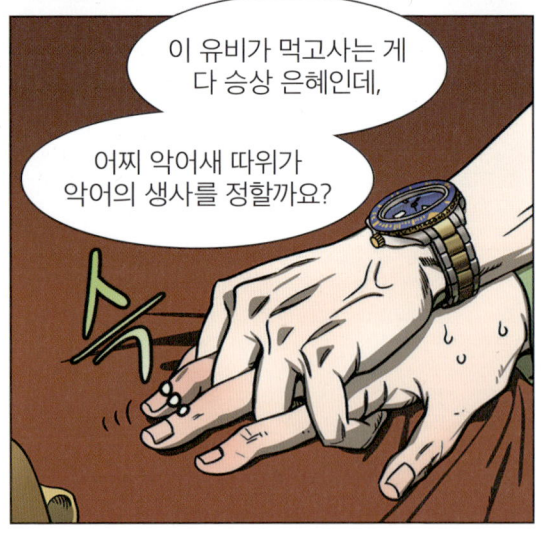

*〈연의〉 유비, 너스레 떨다. "저는 그저 승상(조조) 은혜를 입어 벼슬 받았을 뿐입니다."

二十三. 영웅을 논하다, 논영회 下

*〈연의〉 유비, "아홉 주써에 이름난 유표는 어떻습니까?"
조조, "유표는 이름만 번드르르하고 실속이 없소."

*〈연의〉 조조, "원술은 무덤 속의 마른 뼈다귀일 뿐이오."

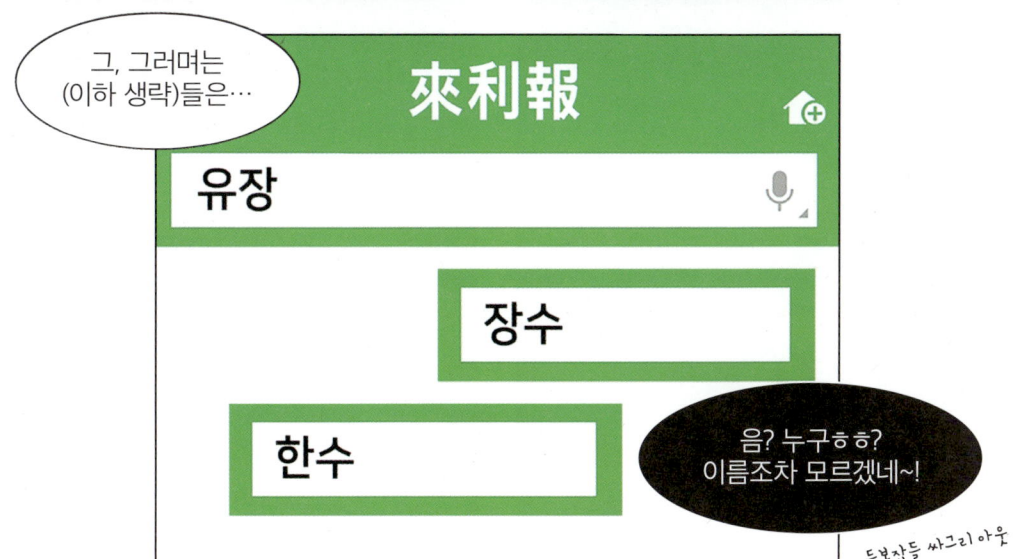

*〈연의〉 조조. "손책은 아비 손견의 이름 덕을 볼 뿐인 애송이외다."
**〈연의〉 조조 "유장은 황실 지키는 개일 뿐이오. 나머지 소인배들(장수, 장로, 한수)은 더 말할 것도 못 되오."

*〈연의〉 조조가 정의하는 '영웅' : 가슴엔 큰 뜻 품고, 뱃속에는 꾀를 숨기고 우주를 끌어안는 기틀과 천지의 뜻을 삼킨 자.

*〈연의〉 조조. "원소는 겉으로 위엄 있으나 본래 담이 작고 꿍꿍이는 많으나 결단은 늦고 큰일에는 몸 사리고 작은 일엔 목숨거는 놈이오!"
**유비, 백성들 괴롭히는 독우 두들겨 패다. 애써 처음 얻은 벼슬을 스스로 버리고 죄인의 몸이 되어 떠돌다.
***조조, 부정부패 일삼던 고위층 숙청하다. 그 일로 찍혀, 스스로 벼슬 내버리고 고향으로 돌아가버리다.

*〈정사〉 조조, 유비에게 잘라 말하다. "천하에 영웅은 오직 사군(유비)과 이 조조뿐이오!"

二十四.　　　　　　　　　　　　　　젓가락을 던진 유비

*〈연의〉 유비의 동생 관우와 장비, 호위군 모두 무찌르고 조조 저택에 쳐들어가다.

*〈연의〉 조조군 장수 허저와 장료, 유비를 조조 저택으로 연행하다.
**〈연의〉 관우와 장비, 유비와 조조가 정말로 사이좋게 술만 마시는 모습을 보고 당황하다.

*〈연의〉 관우. 둘러대다. "아우와 함께 검무라도 추어 술자리 흥을 돋우고자 왔습니다."

*홍문의 연회 : 옛날 패권을 다투었던 유방과 항우가 홍문에서 벌인 잔치.
양측 장수들이 검무를 추겠다는 핑계로 칼 들고 뛰어나와 신경전을 벌였다.

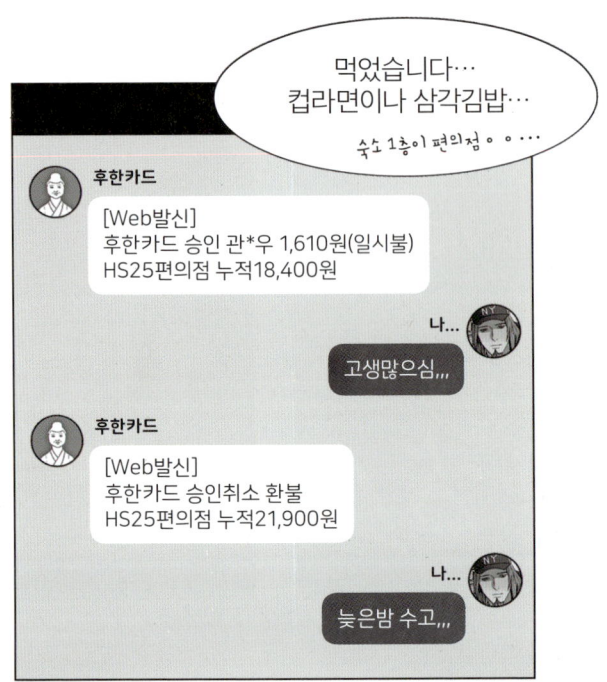

二十五. 　　　　　　　　　허리띠에 숨긴 피눈물

*〈정사〉 조조 큰아들 조비. 어려서 무술도 공부도 곧잘 해내다. 그러나 대범한 한편 자만심이 강하고 모난 구석이 있었다고.

*〈정사〉 동승. 기록 따르면 동태후(황제 유협의 할머니) 조카라고.
**〈정사〉 그러나 동시에 동승은 동탁군에 몸담았다고 역사서에 기록되어 있다. 동탁은 유협 혈육인 前황제 유변과 태후 하씨를 죽인 역적.

二十六.

조조 vs. 동승

티끌 하나 없는 벽옥에 금과 은…

섬세한 세공은 황궁 장인들 솜씨.

황제의 물건이, 왜 이자 손에?

크허억…?!

아차! 큰 실수로다…!!!

*〈연의〉 헌제, 동승에게 비단옷과 허리띠 몰래 내어주다.

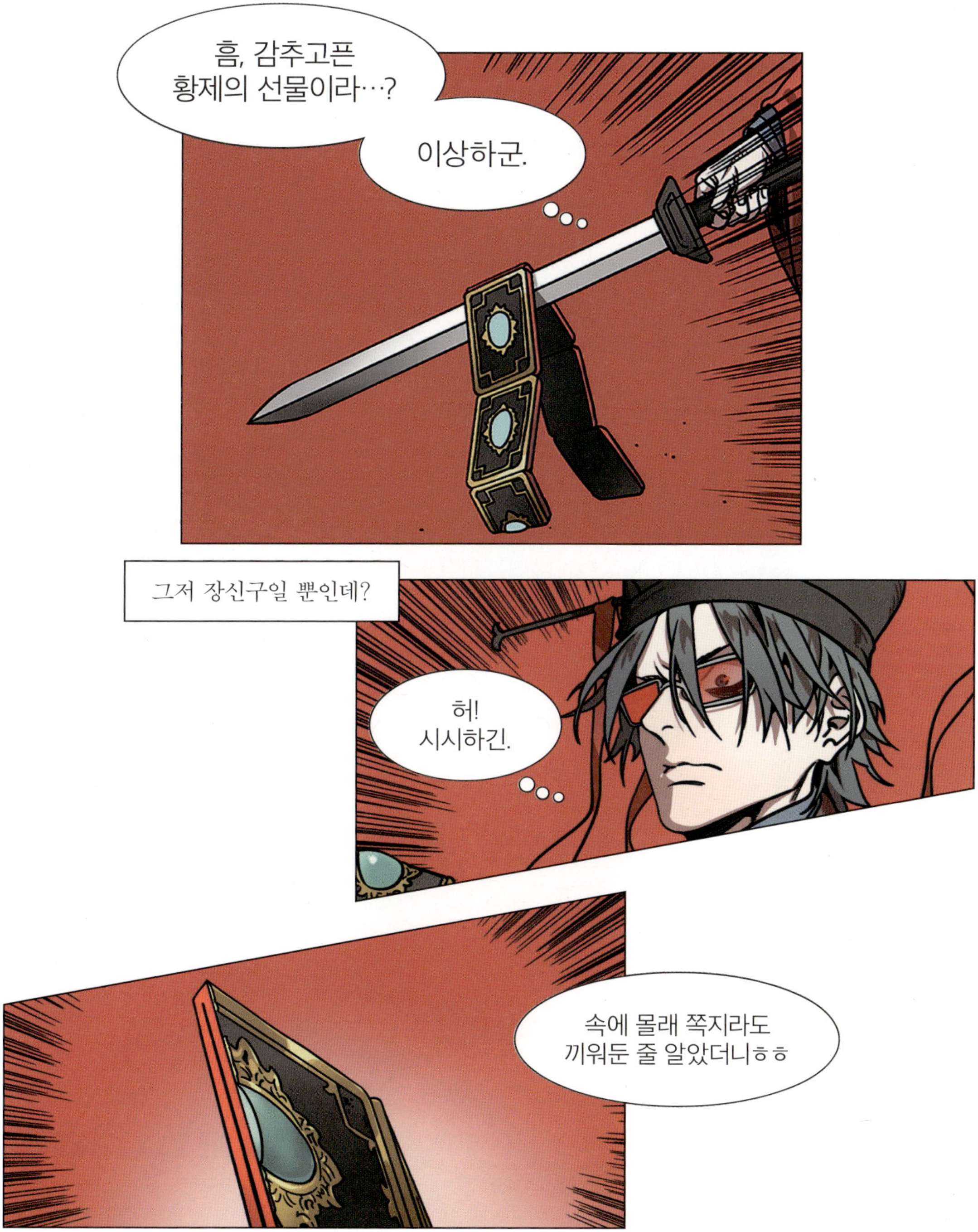

*〈연의〉 조조, 의심하며 동승이 들고 있던 허리띠 빼앗다.

*〈정사〉 헌제, 밀조(密詔, 남에게 알리지 않고 비밀히 내린 임금의 명령을 적은 문서)를 담아 동승에게 내리다.

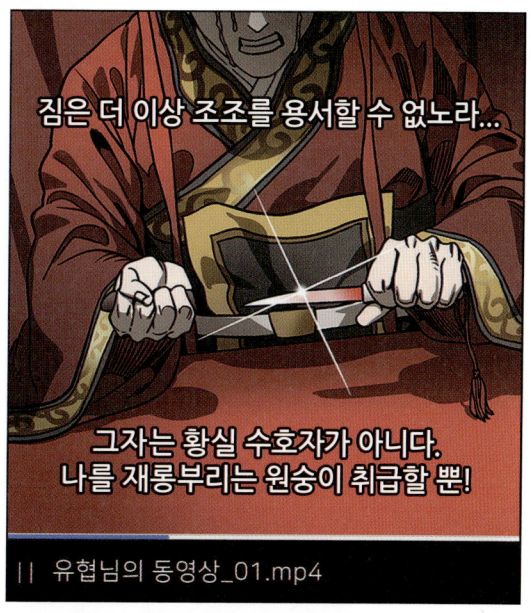

*〈연의〉 헌제, 손수 피를 내어 조조를 죽이라는 조서(詔書, 임금의 명령을 사람들에게 알리려고 적은 문서)를 쓰다.

二十七. 달아나는 유비

6년 전. 서주

맞히면 이 사탕 너 주~지!

짠~ 나 어느 쪽 손에 돌 쥐고 있게?

하이고~ 저 욕심쟁이! 걍 친구랑 나눠 먹지 좀~!

에구구~ 글게 말이다!

전쟁통엔 까까도 워낙 귀해놔서ㅠㅠ

*〈정사〉 조조, 서주 백성들 학살하다. 유비, 몇 안 되는 군사 이끌고 조조군에 맞서 싸우다.

제11권, 「관도대전」 4부로 이어집니다